Bernard

—

Une Visite à la
 grotte
d'Hautecour.

L 7 k
3111

L. K⁷ 3111

UNE VISITE
A LA GROTTE D'HAUTECOUR
(AIN).

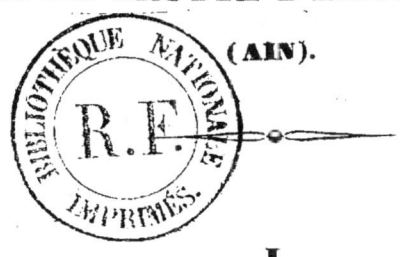

I.

LE PUITS DU CHIEN. — LES DEUX PUITS DE CHALLES.
GROTTE DE CORAN.

Le deux mars 1849, accompagné de mon confrère M. Victor Bernard, je me rendis à Hautecour pour visiter une grotte explorée tout récemment par M. l'abbé Perrodin, curé de cette commune. Cette partie de plaisir qui nous promettait d'agréables émotions, fut favorisée par un temps superbe et vraiment phénoménal pour l'époque de l'année où nous étions. A huit heures du matin le thermomètre marquait 4 degrés centigrades de chaleur, par le vent du sud ; à midi un soleil ardent brillait au firmament, l'air était calme et légèrement rafraîchi, en abordant Hautecour, à cause du voisinage de la rivière d'Ain et de la montagne qui domine Nantua, alors couverte de neige tombée depuis peu.

Nous savions par M. l'abbé Perrodin quelques détails sur son excursion qui eut lieu dans les premiers jours de janvier dernier; ils piquaient notre curiosité, mais nous étions loin de nous faire une idée des dangers que l'on court en descendant dans cette grotte. Après avoir accepté une agréable hospitalité au presbytère, nous nous mîmes en marche, accompagnés de MM. Perrodin, Convers, notaire, et Cherel, maire de la commune, qui nous avaient offert leur assistance; comme on le voit, nous étions pourvus d'autorités suffisantes et de compagnons intelligens dont l'empressement nous fut très-agréable et surtout très-utile. Quelques gens du village, excités par les merveilles qu'on racontait de la grotte et par notre transport officiel sur les lieux, se joignirent à nous: mais sur huit, deux seulement osèrent nous suivre jusqu'au bout. A ce propos, je dirai que jusque-là personne n'osait franchir la première enceinte voûtée qui sert d'entrée à la grotte. On approchait bien de l'ouverture du couloir, on lançait force pierres, roulant avec bruit, et disparaissant subitement avec un long murmure, mais là se bornait toujours l'audace des visiteurs; ce lieu était même considéré comme habité par le diable. Les gens se signaient dévotement en l'abordant; puis on racontait que si quelque bûcheron chargé et surpris par la pluie déposait son fagot sous la voûte et sur le banc de rocher de droite; si une femme y laissait l'herbe qu'elle avait amassée, tout cela avait disparu le lendemain quand on venait le chercher. Avec une telle croyance mystérieusement répandue, et dont les récits grossissaient en variant toujours, il n'est pas étonnant que la Grotte d'Hautecour soit complètement restée dans l'oubli jusqu'à ce jour. Voici comme elle fut découverte pour la seconde fois :

M. l'abbé Perrodin, qui occupe ses loisirs à des lectures d'histoire naturelle, s'étant informé un jour des phénomènes géologiques que pourrait offrir la commune qu'il desservait, fut ainsi amené au pied de notre belle grotte; mais arrivé là, ses cicérones lui déclarèrent positivement qu'ils n'iraient pas plus loin, et que le diable leur faisait peur. Mais le malin esprit ayant été suffisamment exorcisé par la présence du pasteur, quelques personnes plus hardies le suivirent bientôt.

On voit déjà, par ce que je viens de rapporter, en quoi pouvait consister l'attrait de nouveauté qui nous guidait nous-mêmes à Hautecour.

En quittant le village et se dirigeant au nord, on gravit une montagne peu élevée qui se rapproche de la *combe* du Suran (1), et qui domine ce joli cours d'eau. Là est la grotte; sa distance du village est à peu près de trois kilomètres; quand on est sur la crête de cette montagne, on descend un peu à gauche, et bientôt on voit une ouverture que l'on aborde par une pente assez rapide; une voute peu élevée, et sans ornemens, s'ouvre devant vous; à droite est un large banc de rocher incliné au soir, où l'on peut, en assez grand nombre, faire une halte joyeuse et

(1) Je me sers à dessein de cette expression, parce qu'elle rappelle une veille dénomination celtique. *Combe*, c'est-à-dire vallée; ce mot est conservé dans plusieurs parties de notre département; dans le patois d'Ambérieu, Bugey, il est fréquemment employé dans le même sens, *comba bai, combe abaissée*. Nous avons dans le voisinage *longe combe, haute combe*. Dans les environs d'Auxerre on retrouve aussi ce vieux mot.

procéder gaîment à un repas champêtre, assis à l'abri des injures du temps. Cette première entrée est peu spacieuse ; en frappant avec une grosse pierre, du côté droit, on entend la terre résonner et retentir comme s'il existait une voûte en-dessous. On parlait de faire un trou pour voir dans l'intérieur, mais il y aurait de l'imprudence à le tenter sans le secours des gens l'art et je conseillerai d'y recourir ; il se pourrait encore que ce lieu communiquât avec la grotte et vînt déranger son économie et sa température si uniforme ; peut-être de l'intérieur arrivera-t-on à trouver la correspondance possible de la grotte avec cet enfoncement. Si on l'ouvrait par le sommet, les eaux pourraient y pénétrer, et les visiteurs s'exposer à des tentatives dangereuses. Je pense qu'il est prudent de ne pas se hâter trop de découvrir ce mystère.

Enfin, quand nous eûmes suffisamment considéré les approches du gouffre béant qui s'ouvrait devant nous et qui paraissait empressé d'engloutir sa proie ; quand le vieux père Blanchet m'eût confirmé sur place que chaque fois qu'une femme laissait une charge d'herbes sur le banc de rocher, que je nommerai le *rocher du diable,* on n'en trouvait plus le lendemain, nous fîmes nos dispositions pour opérer notre descente.

Qu'on se figure ici un couloir sombre, d'un accès très-difficile, d'une longueur de 62 mètres, avec une pente variant de 30 à 80 pour cent. On foule le roc nu, glissant, humide; puis on arrive au tiers de cet espace, porté par des pierres glissantes qui vous conduisent seules et qui vous entraîneraient promptement au fond de l'abîme si l'on ne marchait très-lentement, sans efforts, et surtout en appuyant à gauche. Là, le passage se rétrécit en largeur; mais, néanmoins, dans toute son étendue, on peut se tenir debout. A ce premier point, on plaça à hauteur d'appui une barre de chêne en travers, bien assujettie, et du côté gauche contre le roc, on y attacha un cordeau de lessive neuf, mais bien mince encore malgré la précaution qu'on eut de le doubler. M. l'abbé Perrodin, le héros et le chef de notre expédition, descendit le premier, à reculons, en tenant cette corde d'une main et une bougie de l'autre: C'est lui qui l'attachait en divers endroits, afin de la tenir rapprochée du pas de roc que l'on cotoyait, pour que le corps ne pût, en descendant, s'écarter et rompre les lois de l'équilibre qu'il fallait observer soigneusement. Victor Bernard le suivit à distance, et quand ces deux explorateurs furent parvenus au bas du couloir, je descendis à mon tour, aussi à reculons, avec une certaine résolution.

Les gens de notre escorte étaient près de là, contemplant avec des yeux ébahis ce spectacle nouveau; les recommandations des personnes qui étaient en arrière, à ces curieux, de ne pas bouger du tout, car le moindre piétinement faisait rouler des pierres qui, par le saut qu'elles opéraient en bondissant, pouvaient atteindre au front ceux qui étaient au bas du couloir; les cris sourds et confus de ces derniers dès qu'il s'en détachait quelqu'une, ce qui était inévitable absolument et produisait un bruit lointain; l'éclat des lumières sous les anfractuosités lugubres et grandioses du couloir, tout contribuait à porter dans l'âme un certain frémissement bien fait pour effrayer des gens crédules.

Je descendis donc à mon tour; M. Convers me suivit, et je priai M. Cherel, maire, de rester le dernier pour recommander la prudence aux personnes qui nous contemplaient. Si je ne reproduisais pas ici l'émotion la plus terrible que j'aie éprouvée de ma vie, et si je ne faisais pas bien ressortir le danger très-grand que l'on court en descendant par *ce couloir d'enfer*, personne ne pourrait en avoir une idée, et les visiteurs, pensant aller à un spectacle facile, se précipiteraient à l'envi pour en jouir à leur tour.

Dès qu'on a parcouru, en tenant la corde de son mieux et s'éclairant d'aventure, avec la bougie que l'on porte, les deux tiers du couloir, la pente s'accroît, le roc se contourne, et le pied se pose sur un banc de pierre glissant et dangereux ; vainement on cherche à profiter d'une légère cavité çà et là placée, le pied manque, puis on n'est pas maître de soi. Le corps penché en arrière, on sent qu'on est suspendu, et que si la corde casse ou si le pied glisse, il faudra lâcher prise peut-être et rouler dans le précipice. Je faisais ces réflexions avant d'être au bas, car on est seul et hors de vue, et cependant j'étais loin de me douter de ce qui m'attendait.

Ayant été rejoint par un nouveau visiteur, je lui remis ma lumière et me cramponnai de plus belle à mon frêle cordeau. Parvenu presqu'au bout du couloir, le roc se contourne davantage et rend très-difficile le reste du chemin. Là était Victor Bernard avec sa bougie; mais là aussi un roc à pic, de 30 pieds, s'offrit à mes regards. Vainement ce cher confrère m'encourageait à aller plus loin, m'indiquant où je pouvais poser le pied; comme il fallait me pencher, je sentais malgré moi qu'un fil me tenait suspendu sur l'abîme, et qu'avec un pas de plus, si mon corps se projetait légèrement à gauche, j'étais alors à reculons, je tombais infailliblement en bas, sur un lit de pierres anguleuses, reflétant avec un lugubre éclat la lueur vacillante des flambeaux. Malgré moi, je restai cloué à la même place.

Je n'avais, il est vrai, plus que trois pas à faire pour être hors de danger; mais pour descendre plus bas, le chemin n'avait pas 15 pouces de large! et nous étions sur un roc glissant! et la *roche tarpéïenne* d'Hautecour se dressait à mes côtés! Puis enfin, la corde était faible, et la stalactite qui la retenait fixée derrière moi, si frêle et si mince, que je tremblai tout de bon et restai là pendant deux ou trois minutes, répétant que je n'irais pas plus loin et que je préférais remonter. J'y étais décidé; puis, quand je mesurais de l'œil l'espace que je venais de parcourir, je ne savais pas davantage si je voulais remonter. L'éloquence de Victor Bernard échouait toujours ; enfin, les exhortations de M. Perrodin m'arrivant des espaces souterrains où il était déjà, je m'abandonnai à la Providence et me trouvai bientôt de l'autre côté de ce pas difficile, hors de danger, mais sous le poids d'une pression physique et morale très-grande.

Tout n'était pas fini encore : un banc du rocher incliné et glissant, à pic, et large de 2 pieds, conduisait à une mauvaise échelle qui servait pour atteindre le premier lit de pierres roulantes de la grotte. Cette échelle ne dépassait pas le haut de ce plancher dangereux : on tenait la corde d'une main et on s'agenouillait pour saisir de l'autre le bout de cette échelle. Là encore, si la petite stalactite qui tenait la corde se rompait, on tombait de vingt pieds de haut sur un lit pierreux. Une fois sur l'échelle, on commençait à se sentir plus à l'aise; puis enfin, pour arriver au sol, on se laissait pendre brusquement afin de franchir cinq échelons manquans, qu'on avait sans doute eu le soin d'enlever pour épargner aux visiteurs trop de lenteur dans la descente, et pour les conduire plus rapidement sur le sol même de la grotte.

II.

Quand on foule ce premier endroit de la grotte, on reprend ses sens peu à peu. La voûte qui vous domine n'est pas très-élevée encore ; à quelques pas, le *coin du sable* attire vos premiers regards : la grotte est vaste, longue, et c'est le seul lieu où du sable se fasse remarquer. Celui-ci repose sur des pierres en partie recouvertes par lui ; sa nature est siliceuse ; il est très-meuble et lavé comme celui de rivière. Depuis quand est-il là ? Depuis long-temps sans doute. Les pierres qui le supportent sont en pente et les couches de roc que l'on voit au-dessus et derrière sont fermées ; évidemment les eaux l'ont conduit là, mais quand ? Il a fallu qu'elles arrivassent très-abondantes et qu'elles se soient promptement écoulées, puisqu'il n'a pas été entraîné plus bas dans la grotte.

Un des plus curieux tableaux, c'est de se placer en face du couloir et de contempler dans le lointain l'effet des flambeaux de ceux qui descendent : leurs cris, leurs mouvemens, offrent quelque chose qui frappe. On dirait un retour aux enfers des démons que l'astre du jour ramène alors qu'ils ont troublé la terre pendant une longue nuit d'hiver. On calcule leurs difficultés, les dangers qu'ils courent, et comme on se sent momentanément à l'abri, on éprouve un certain plaisir que l'égoïsme naturel est tenté de proclamer.

Quand chacun fut enfin descendu sans encombre, nous procédâmes en forme à notre visite. Nous tournâmes à gauche, et là, sous une voûte peu élevée, nous vîmes à l'aise de jolies *stalagmites*, en mamelons et réunies en masses, dont la base a un mètre de diamètre sur une hauteur variable de deux tiers de mètre. Leur couleur est grisâtre et leur nuance opaque : c'est le prélude modeste à de plus brillans aspects. De là, on descend, sur des pierres mouvantes, l'espace de 40 à 50 pas environ, la voûte s'élève à mesure que l'on avance, et l'on touche enfin le sol même qui est de niveau avec le reste de la vaste enceinte où l'on est parvenu.

Ce sol est composé d'une argile très-fine, rougeâtre comme celle du sommet de la montagne dont elle provient, mais lavée par les eaux et filtrée en quelque sorte par des suintemens répétés ; elle est d'une grande cohésion et adhèrerait fortement si des gouttelettes d'eau limpide, découlant du sommet, ne venaient l'entretenir dans une humidité constante. En quelques endroits, ces eaux séjournent et ont formé, par leurs concrétions horizontales, de petits bassins très-jolis, plus ou moins réguliers, et plus ou moins étendus; quelques-uns sont plus élevés que le sol de la grotte; tantôt leurs rebords s'écartent en-dehors, tantôt aussi ils se rapprochent en-dedans et forment un cordon bombé. On en voit dans le bas de la grotte, à gauche, plusieurs de ce genre; mais le plus beau est dans une autre anfractuosité que nous décrirons tout-à-l'heure.

Le sol de la grotte est pentueux jusqu'à son extrémité; là, on voit aussi comme un petit entonnoir en contrebas, où les eaux se retirent complètement. On doit à cet accident naturel l'assainissement de la grotte; il facilite son parcours. Quand on a marché quelques pas, l'espace s'élargit. Si on lève la tête, l'on peut calculer la hauteur de la grotte : à vue d'œil, cette élévation a bien 35 ou 40 pieds au moins; la largeur est de 25 à 30 pieds aussi. De ce point, on pourrait voir, à l'aide de lumières placées aux deux extrémités, toute l'étendue de la vaste salle où l'on est : c'est comme une immense église, de 250 pieds au moins. Peu de grottes ont cette étendue.

Mais hâtons-nous d'arriver à la description des beautés qui nous attendent. A vingt pas du fond, on s'arrête étonné à l'aspect de deux obélisques de toute grandeur et de formes majestueuses ; ce sont deux *stalagmites* énormes, formant colonne, et ondulées à leur surface par les accidens divers qu'a subis la solidification de l'eau qui tombe de la voûte. Ces stalagmites sont du côté gauche et séparées par une distance moyenne. La première est haute de 2 mètres 80 centimètres, sa largeur est à la base de 66 centimètres, elle est arrondie au sommet; la seconde, ou *colonne de Buhenc*, atteint une élévation de 3 mètres, son diamètre est d'un mètre environ ; elle se termine par trois pointes séparées, où l'eau continue à tomber. La plus grande des aiguilles a 15 pouces de haut ; les autres se suivent par gradation. Que les visiteurs n'y touchent pas, et surtout ses trois pointes qui, provenant d'un sédiment épuré, sont blanches et limpides.

On ne se lasse pas d'admirer cette belle production de la nature. L'isolement complet de ces colonnes a quelque chose d'imposant qui captive ; la description est muette et insuffisante pour rendre ce qu'on éprouve en les voyant. Voilà la première émotion agréable que l'on sente réellement en parcourant la grotte. Allons doucement, afin de pouvoir tout goûter avec fruit : l'espace à parcourir est long, et bien des accidens naturels vont nous apporter d'autres sensations.

Au pied de la *colonne de Buhenc* (c'est la plus grande), règnent plusieurs de ces petits bassins dont j'ai parlé plus haut. A gauche, en face, sont d'autres stalactites et stalagmites de formes diverses, très-apparentes, et d'une pâle jaune-clair ou couleur de miel. L'une est soudée tout juste par son milieu, c'est-à-dire que la stalagmite et la stalactite se sont rencontrées à distance égale et ont crû en même temps : c'est un des plus curieux phénomènes à observer dans les grottes. Il est loin d'être toujours constant; en effet, derrière celles-ci, on en remarque deux autres, de mêmes forme et nature, en groupes confus, et où la stalagmite a crû plus vite que les stalactites qui lui sont superposées ; les deux obélisques démontrent plus fortement encore que l'eau qui coule à leur sommet n'a pas déposé de sédiment à la voûte correspondante, tandis que la concrétion s'est opérée *toujours* sur elles qui montent, montent, et arrriveront un jour à toucher le haut de la grotte, dont elles sont peu éloignées déjà.

En cet endroit les concrétions forment une sorte de chapelle; des bassins y reçoivent l'eau. Une ouverture se voit au fond, et si quelqu'un se place là avec une lumière, on aperçoit la correspondance et on jouit d'un coup-d'œil magique, où brillent des cristaux de tous genres au travers des couleurs prismatiques produites par les lumières sur le brouillard de pluie fine qui tombe de la voûte. Si l'observateur se retourne sans bouger de place, il a derrière lui des parois concrétionnées, en masses guillochées et d'un blanc d'albâtre : on dirait des gâteaux du miel le plus blanc et le plus tentateur.

Le fond de la grotte n'offre rien de bien remarquable; seulement on aperçoit quelques pans de stalactites, en longs plis de manteau, d'un jaune clair, et translucides dans leur épaisseur. Là, on a brisé déjà, par simple dépravation, quelques parties de cette stalactite aplatie; là aussi, pour orner mon cabinet dans l'intérêt de tous, j'ai détaché avec mon marteau de mineur un long fragment de stalactite. Puis, au pied, dans le coin même, une stalagmite de 80 centimètres de haut dressait sa tête encore vierge d'insultes; c'était la plus élevée de la grotte, si l'on en excepte celle que M. Perrodin, nouvel Hercule, a emportée chez lui sur ses épaules, en remontant le redoutable couloir : elle orne sa cheminée, et il y tient comme à un témoin irrécusable de sa descente dans la grotte. Je voulus avoir aussi le mien pendant qu'il en était temps encore, et j'ai, à l'aide du bras solide de M. Cherel, enlevé cette concrétion qui adhérait fortement au fond de la grotte.

Après avoir séjourné quelques instans dans cet endroit, nos guides nous firent revenir sur nos pas et gravir à droite sur des rocs escarpés et très-inégaux. On monte ainsi à une hauteur de plus de vingt pieds. C'est dans ce lieu que la nature a élaboré ses plus beaux phénomènes; c'est là que la plume est encore insuffisante à décrire.

D'abord on voit, sous une voûte peu élevée, des accidens de rocs tombés et placés en long. L'un ressemble au fût d'une immense colonne, horizontalement couché; une partie s'est rompue, brisée sans doute par sa propre pesanteur; en ayant enlevé un morceau, nous avons cru reconnaître que sa nature est celle du rocher de la montagne.

Ensuite, à droite de cette masse énorme, règne une couche de roc qui recouvre un petit enfoncement; l'eau y séjourne dans un bassin concrété, orné de mille manières; des stalagmites montent jusqu'en haut; puis, sur le devant, on voit de la chaux carbonatée mamelonnée *en noix*. Cette concrétion est très-rare dans la grotte, on ne la trouve que là, et encore est-elle en petits groupes. Qu'on la respecte pour l'amour de la nature ! On dirait une corbeille de noix renversées, de grosseurs diverses, les unes comme des noix, les autres comme des noisettes; mais ce qui fait la beauté et le mérite de cette concrétion, c'est la suture que l'on remarque tout juste au milieu de ce qui est censé composer les deux coquilles. M. l'abbé Perrodin en avait emporté un groupe très-beau, pesant au moins 15 kilogrammes. Il a bien vien voulu me le remettre; il orne mon cabinet. Ces noix sont siliceuses, d'un aspect roux, et rugueuses.

Mais c'est assez admirer cette petite grotte en miniature, où l'on trouve tout réuni; on s'est accroupi pour mieux voir, il faut maintenant gravir plus haut et enjamber les fûts de colonne gisant devant nous; marchons d'un pas prudent, veillons à ce que nos jambes ne plongent pas dans les fentes du roc, et ne heurtons pas le pied contre les angles saillans des pierres amoncelées.

Ici se déroule un large bassin rempli d'une eau limpide et pure; j'en ai goûté; elle est excellente et légère. Comme j'entendais murmurer devant moi par ceux qui déjà étaient montés plus haut : *C'est une chapelle!* je m'écriai : *C'est la chapelle du curé, et voilà la piscine.* En effet, pour faire honneur à M. Perrodin, je désire que ce lieu soit ainsi nommé en souvenir de son excursion hardie. Quittons donc notre *piscine* et gravissons encore un peu. — Entrons, car là il y a une petite entrée, mais on marche toujours debout et à l'aise; c'est là que se trouve le plus beau spectacle de la grotte. Que l'on se figure une voûte à perte de vue, mais en entonnoir, et recouvrant comme d'un vaste dôme les draperies les plus belles, draperies aux mille plis, enroulées en groupes, isolément, par colonnes pendantes ; tantôt libres dans leur longueur, et tantôt resserrées à des distances égales ; puis les extrémités qui pendent inégalement en longueur, contournées, plissées avec grâce et mollesse. Leur couleur est jaune foncé.

A gauche de ces stalactites gigantesques, on voit

d'autres ornemens; l'œil y saisit tout ce qui lui plaît: tantôt on croit remarquer les contours du gothique de Brou , les *acanthes*, les *choux*, les *moulures ogivales*, qu'on ne se lasse pas d'admirer; tantôt de longs tubes de grosseur variable, des rosaces et tous les caprices que l'imagination pourrait inventer. Cette partie de la grotte est retirée ; la nature semble s'être complue à s'orner dans le mystère de cet enfoncement. Tous les accidens, tous les genres de beauté y sont entassés. On séjournerait là des heures entières qu'on ne serait pas fatigué de ce qu'on voit. Cette partie vraiment féerique, si on ne l'endommage pas comme on l'a déjà fait , donnera à la grotte d'Hautecour une célébrité bien acquise et lui attirera de nombreux visiteurs.

III.

Après avoir séjourné pendant deux heures dans ce souterrain, il nous fallut songer à la retraite; c'était pour moi un instant redoutable: il me semblait que jamais je ne serais assez heureux pour revoir la lumière, et je disais tout haut : Si j'en sors une fois, je réponds bien de ne jamais y revenir ! Ces propos avaient causé quelque inquiétude à deux de nos compagnons, qui ne me le manifestèrent prudemment qu'après ma sortie.

Parvenu au sommet de l'échelle, je saisis le bout de la corde qui me faisait dériver à gauche; il fallait se maintenir en équilibre pour ne pas glisser en cherchant à prendre pied sur le roc; une fois dressé là, on respire prudemment une minute ou deux, puis on s'approche de la stalactite *du diable;* c'est la stalactite où la corde fut entortillée; on est là en silence, ignorant si l'on franchira ce *Rubicon* redoutable! Avec quelque peine, beaucoup d'audace et de sang-froid, on peut arriver par les anfractuosités du roc sur cette première *halte du retour.* M. Perrodin, dont le ministère avait été réclamé au-dehors, était déjà sorti de la grotte; M. Convers le suivait et m'attendait à moitié chemin. Je ne m'en doutais pas; enfin, m'armant de résolution et cherchant à bien me convaincre de ne pas faiblir en route, je franchis heureusement ce premier contour; il est terrible vraiment quand on l'envisage; si le pied glisse, on est mort; si la corde casse, même résultat; puis, pour se rassurer, on peut lever la tête et voir se dresser devant soi la martinoire des *catacombes!* Pendant ces réflexions que je faisais malgré moi, je gravissais avec émotion, seul et dans un jour douteux, l'esprit partagé entre la crainte et l'espérance, le sentier du retour.

En continuant de gravir, le pied me glissa, je mis un genou en terre; en me relevant, j'expliquais cette prosternation comme un hommage rendu à Pluton qui voyait sa proie lui échapper, et qui me l'avait imposée avec colère. Sans me fâcher contre le dieu jaloux, je lui accordai de bon cœur ce faible hommage, et persuadé qu'il était satisfait.

Je fis un dernier effort et j'atteignis enfin le haut du couloir, *éden* ravissant que mes yeux ne se lassaient pas de contempler.

M. Convers, inquiet sur mon ascension, était là

qui m'attendait ; il me parlait pour m'encourager. Sa présence me reconforta et je le remerciai de son attention.

J'avais chaud, la prudence exigeait que je ne changeasse pas trop subitement de température. Je ne pouvais m'arracher de mon siége ; j'étais là dans une béatitude que j'aurais voulu savourer seul ; avec quel transport je contemplais les tentatives de ceux qui remontaient le couloir ; ils allaient, à leur tour, ressentir mes émotions, se fracasser peut-être contre les rochers. J'aurais voulu les aider, mais c'était impossible : le moindre secours ne peut être porté. Un bon villageois me suivait ; il avait quitté ses sabots pour monter et me dit qu'en me voyant gravir avec mes souliers à clous, il ne croyait pas que je pusse aller jusqu'au bout. Ce témoignage, donné par un esprit compétent, me rendit quelque satisfaction personnelle, et chercha à me persuader que je ne m'étais pas trop exagéré les périls de mon ascension.

Pendant que Victor Bernard, fort peu obèse, redescendait pour expérimenter à l'aide du thermomètre, et déterminer la pente du couloir, M. Convers me conduisit sur la plate-forme qui fait face à la grotte, et là, me fit contempler le lit du Suran, serpentant avec calme et lenteur dans une gorge fertile ; puis, au nord, les rochers de Bolozon.

Au sud, une échappée de vue étonnante qui se termine par la rivière d'Ain, à Pont-d'Ain même, et dont les eaux apparaissent comme un cristal lointain. Tout cela est féérique pour un revenant qui aime à se palper et à se démontrer qu'il vit pour tout de bon. Je m'en assurai avec satisfaction en rentrant à Hautecour, savourant à chaque pas les délices du retour, et jurant mes grands dieux que, coupable d'une grande imprudence envers moi-même, je ne redescendrai pas à la grotte de la même manière.

RÉSUMÉ.

NOTES SCIENTIFIQUES ET D'HISTOIRE NATURELLE.

Puits du Chien et de Challes. — Grotte de Corent.

Afin de rendre plus fructueuse la visite à la grotte, nous allons consigner ici quelques données de la science, ainsi que les remarques rapides qu'une première excursion, remplie d'émotions diverses, ne nous a permis de faire qu'à la hâte.

I. *Grotte.* — Si l'on a égard à son étendue, à sa singulière entrée, et surtout aux belles concrétions qu'elle renferme, la grotte d'Hautecour doit être classée parmi les plus remarquables. J'ai entendu des personnes qui ont visité celles des autres parties de la France, dire que celle-ci était d'un genre parfait et supérieur, si on en excepte la grotte de La Balme qui, grâce à son lac féerique, ne sera jamais égalée : à part cela, celle d'Hautecour rivalise hardiment par ses beautés particulières. En effet, on se tient debout dans tout son parcours, et surtout dans le couloir étonnant qui y conduit. A l'intérieur, le visiteur est toujours à l'aise; il respire très-librement. Les couches de la grotte sont d'un calcaire blanc, tantôt compacte, tantôt oolithique; et la montagne repose sous une inclinaison de quelques degrés seulement.

Le *couloir* a 62 mètres de longueur, avec une pente variant de 30 à 80 pour cent, et se termine par une roche à pic d'une hauteur verticale de 11 mètres environ; le tiers à-peu-près de ce couloir, en approchant de ce pan élevé de roc, prend l'inclinaison de 80 pour cent.

II. *Température.* — Le thermomètre, placé au fond de la grotte principale, à l'air libre, a marqué 10 degrés 1/2 centigrades.

Placé à 40 mètres de l'ouverture, dans le couloir, 9 degrés 1/2.

A l'ouverture même du couloir, 9 degrés 1/4.

III. *Profondeur.* — Le couloir a 30 mètres environ de profondeur à la base; depuis l'ouverture à la roche verticale, il y a 11 mètres. — Total : 45 mètres environ.

En calculant pour la température un degré d'augmentation par 30 mètres environ, résultat constaté par la science, nous aurions, en effet, obtenu le même produit, puisque les deux positions où le thermomètre a été placé sont, l'une à 16 mètres de l'ouverture, et l'autre à 45 mètres de l'entrée du couloir.

IV. *Concrétions.* — *Stalactites.* — Le carbonate de chaux solidifié par une évaporation lente, a revêtu toutes les formes les plus gracieuses et les plus diverses. Ainsi nous avons des *stalactites* en longs tubes, ou en draperies ondulées et repliées mollement ; leur couleur varie depuis le gris-brun jusqu'au blanc pur. Les plus nombreuses sont d'un jaune d'or ou couleur de miel. Au fond de la grotte, à droite dans le coin même, il y a de petites excoriations blanches, qui se détachent d'un fonds jaune et ressemblent à des bombons de sucre mat. Cette variété de chaux concrétionnée est très-rare ; je ne l'ai observée que là.

Stalagmites. — *Formation.* — Il est à remarquer que ces concrétions et les colonnettes se forment par couches concentriques, irrégulières, dont l'épaisseur moyenne est de 1 millimètre. Or, si l'on considère que les eaux naturelles, traversant des couches calcaires, ne donnent un dépôt qu'autant qu'elles séjournent long-temps dans leurs interstices, on en conclura que le dépôt cesse du moment où la quantité d'eau qui les traverse devient un peu considérable. Il en résulte que, dans un grand nombre de cas, et nous l'avons vérifié pour la grotte d'*Hautecour*, les dépôts n'ont lieu principalement qu'en été et sont nuls dans la saison actuelle; en effet, toutes les *stalagmites* offraient à leur sommet un petit enfoncement en assiette, ou même un trou plus ou moins profond, comme si l'eau elle-même les creusait par sa chûte. Pendant notre visite, les gouttelettes qui tombaient en plusieurs endroits du sommet de la voûte, où des stalactites elles-mêmes, étaient assez fréquentes, troublaient seules par un léger murmure le silence complet et solennel de la nef immense où nous étions descendus.

En été, si la quantité d'eau était trop forte, on comprend que les dépôts calcaires n'auraient pas lieu non plus; il faut pour qu'ils s'opèrent une eau très-saturée de sels calcaires, peu abondante, et assez de chaleur pour produire une prompte évaporation du sédiment voyageur, qui cherche à se fixer sur les stalagmites.

Il résulte de ce que nous venons de dire, que chaque année il y a une intermittence dans les dépôts, et qu'elle est visible sur la stalagmite elle-même par une couche terminale plus rugueuse et moins cristalline que la matière ordinaire de la couche. On peut donc ainsi connaître le nombre de couches concentriques qui ont composé la concrétion que l'on veut examiner. Or en mesurant quelques-unes de ces mêmes concrétions, nous avons remarqué que plus elles s'élevaient, plus la hauteur certaine de leurs couches diminuait d'épaisseur à la base. Ainsi le temps nécessaire pour former une stalagmite se calculera par le nombre de couches concentriques trouvé, en prenant pour moyenne un demi millimètre ou un millimètre, au plus, suivant que la hauteur sera plus ou moins proportionnée à la base.

En mesurant les deux grandes colonnettes du fond, nous avons trouvé pour l'une, celle de M. *Victor Bernard*, soixante-six centimètres environ, et pour celle de *Jean-Claude Buenc*, la plus grande des deux, un mètre aussi environ : d'après cette mensuration on ne peut donc pas estimer, à moins d'un millier d'années, le temps nécessaire pour leur formation. Si l'on admet, en outre, qu'en raison de la pesanteur de l'eau qui tombe sur la stalagmite, la concrétion doit se former plus difficilement en hauteur, les couches calcarifères étant dérangées par cette même chûte, on verra que notre calcul est bien au-dessous de la vérité.

Nous pouvons ajouter que si le dépôt vient à diminuer ou si la stalagmite se divise comme dans la colonne de J.-C. de Buenc, dont le sommet offre trois branches, il arrivera que les couches ne descendront plus à la base; dans cette remarquable colonne, en effet, le milieu des trois branches forme un entonnoir et une salière qui retiennent les eaux, et, vu la distance à parcourir, les empêche de descendre jusqu'au bas. De là aussi proviennent les ondulations que l'on voit sur les stalagmites, et surtout sur ces deux là. On devra donc, dans ce cas, supputer le temps nécessaire pour la formation des stalagmites et en faire l'addition à notre calcul ci-dessus. Donc encore, quand nous estimons à mille ans le temps qui a concouru à former les deux grandes colonnes, nous sommes loin du vrai, et c'est peut-être le double qu'il faudrait dire. Quelle importante opération que celle à qui il faut pour revêtir des formes, des siècles entassés comme les gouttelettes des grottes !

La grotte d'Hautecour a été explorée en 1781 par J.-C. de Buenc, seigneur du lieu ; son nom tracé à la craie rouge se voit encore intact sur la plus grande des colonnes, c'est pourquoi j'ai trouvé juste d'y attacher son nom. Cette mention, la seule ancienne, et qui est placée à soixante centimètres de terre, nous a fourni l'occasion de constater un fait remarquable ; c'est que depuis soixante-huit ans, la stalagmite n'a pas augmenté en largeur jusqu'à la base, car autrement le nom de *Buenc* serait renfermé dans le corps de la pierre.

D'autres noms encore tout frais ont été crayonnés dans les lieux apparens ; de jeunes villageoises, avides de nouveauté, qui se sont témérairement précipitées dans la grotte, y ont inscrit le leur avec un noir charbon, encre obligée des campagnes ; plusieurs de mes compagnons de voyage se sont laissés tenter de tracer aussi leur nom sur les parois muettes et sombres de la grotte. Je n'ai pas imité cet exemple, trop prudent pour en décorer ainsi des murailles, me rappelant ce vers :

Stultorum nomina semper parietibus adsunt.

On trouve donc dans cette grotte la *chaux carbonatée.*

A. *Concrétionnée.* (Vulgairement stalactite et stalagmite.)

En masses mammelonées imitant des groupes enfumés, nébuleux. Celui de gauche en entrant a un mètre de haut.

En longs tubes, en colonnes.

Mammelonée en noix. Très-rare.

Avec des excroissances saccaroïdes.

B. *Fistulaire simple.* C'est une stalactite dont le centre est occupé par un canal plus ou moins large, en raison du diamètre entier de la concrétion. Il s'en trouve d'un blanc laiteux très-pur. Celle de la grotte de La Balme est remarquable et belle.

C. *Cylindrique* ou *fusiforme.* C'est une variété de stalactite, dont le canal central est infiniment petit en raison de l'épaisseur de la concrétion qui est formée de couches concentriques et qui atteint quelquefois un volume énorme.

D. *Stratiforme.* (Vulgairement stalagmite.) On en trouve çà et là d'épaisse dans la grotte. Lorsque les stalactites et stalagmites sont assez épaisses et assez compactes, on les emploie dans la décoration sous le nom d'albâtre.

Je n'ai pas remarqué de chaux carbonatée sédimentaire.

G. *Sable Siliceux.* Au haut de la grotte, au côté nord. Il est très-pur, sauf quelques particules calcaires.

H. *Eau filtrée.* D'une limpidité extrême, et très-bonne à boire; le thermomètre, placé dans le centre du bassin de la *chapelle*, a marqué 10 degrés centigrades.

Ossemens. — Deux tibias, attribués douteusement à un renard, une mâchoire d'âne, sont les seuls ossemens trouvés dans la grotte d'Hautecour; ils proviennent d'animaux qui sont morts par accident, car la grotte est d'un accès impossible aux animaux.

On aurait tort de parler, à ce propos, de cavernes à ossemens dont le mystère exerce la sagacité des naturalistes.

Cette grotte est d'une grande propreté; aucun insecte, aucun animal ne l'ont souillée. On n'y voit ni cousins, ni chauves-souris, et pourtant la température y est très-douce; on n'y respire point une atmosphère humide comme dans quelques autres. Son sol est en pente du nord au midi, et les eaux s'égoutteraient complètement partout, sans de petits bassins formés par les concrétions qui tombent de la voûte.

Il y a certainement d'autres détails à donner, d'autres curiosités ou accidens à signaler, tels que, par exemple, la possibilité d'une communication avec le souterrain probable, qui retentit à l'entrée du couloir; plus tard tout cela se découvrira peut-être. On comprend que notre première excursion, tout agitée des périls du *couloir d'enfer,* ne nous a pas laissé toute la liberté d'esprit convenable.

M. le préfet de l'Ain, informé que des accidens avaient failli arriver, et que des gens étaient tombés malades en sortant de la grotte, a fait défense d'y entrer, et a prescrit au maire d'Hautecour de faire fermer l'entrée de ces catacombes. C'est une sage mesure.

Travaux à faire. — Au moyen d'une grande échelle de trente-cinq pieds, et fortement arrêtée au bas du couloir sur le sol de la grotte, et d'autres échelles posées à plat sur le fond même du couloir, on arrivera sans danger dans la grotte. Ces dernières devront être en chêne, à barreaux forts, et se tiendront soulevées à six pouces du sol, au moyen de quelques fortes chevilles verticales, posées de distance en distance. De la sorte il sera bien plus facile de poser le pied sur les échelons; comme on peut se tenir debout dans le couloir, il serait avantageux de revêtir les échelles de mains courantes, et l'on ne serait pas exposé à salir ses vêtemens en parcourant ce couloir qui est humide; les dames n'auraient pas besoin non plus de se vêtir *ad hoc.* Ces travaux sont nécessaires pour attirer les visiteurs; il est à propos de les exécuter très-promptement, afin de profiter du premier moment de la vogue.

Mais pour les opérer tous avec profit, solidité

et commodité, il importe qu'un homme de l'art soit appelé, non point pour faire des *devis* , et préparer des adjudications interminables , coûteuses et disproportionnées, bénéficier peut-être dessus et émarger le budget de la commune ; tout cela doit avoir lieu sans frais de plans et estimations; M. le préfet serait prié d'inviter un de M. les ingénieurs de se transporter gratuitement sur place et de donner les conseils en conséquence, et d'indiquer ce qu'il y aurait de plus simple et de moins dispendieux à faire. Ce serait ce qu'un bon père de famille appliquerait en pareil cas. Procéder autrement serait une faute ; cette grotte, bien préparée , et surtout bien *conservée*, a un long avenir devant elle. Il faudrait encore par précaution indispensable, poser sur champ , à deux pouces en contre-bas du sol, une forte planche au bas du couloir; si quelqu'un tombait et roulait en aval , il serait du moins arrêté par cet obstacle.

Perception à l'entrée. — Au moyen d'une cotisation perçue de chaque visiteur, on pourra faire les travaux convenables et les entretenir ; le conseil municipal devra , à cet égard , prendre une délibération, faire un petit règlement qui serait soumis à M. le

Préfet. Il faut, dans tout, procéder avec ordre et régularité; les choses bien ordonnées durent longtemps; on prévient ainsi les réclamations. Avec les droits perçus, la commune entretiendra un garde qui accompagnera les visiteurs et veillera à ce qu'on n'emporte rien de la grotte.

La commune a le droit de tirer parti de sa chose, et l'autorité doit intervenir pour veiller à la sûreté commune. Personne ne peut ou ne doit s'en offusquer. Tant mieux si la commune d'Hautecour en tire quelque profit; s'il y a des sommes perçues surabondantes à l'entretien des agrès ou du garde, elle saura bien les utiliser.

Echos. — Je n'ai pas eu le temps d'examiner s'il pourrait se produire quelques phénomènes d'acoustique dans la grotte. Il doit y avoir différentes positions où le son se répercute sans doute; l'usage nous l'apprendra.

PUITS DU CHIEN.

Nous mentionnons ce phénomène naturel, non point comme une curiosité à visiter, mais seulement comme un accessoire de la grotte. Ce puits est situé dans une autre partie de la commune, au bois de *Charinat;* on l'appelle *Antonay.* Son diamètre est de 2 mètres environ et sa profondeur perpendiculaire de 67 mètres, soit 201 pieds. Il est de même largeur dans toute son étendue. Il se contourne, et ses parois sont couvertes de chaux carbonatée cristallisée. Çà et là se rencontrent quelques stalactites courtes et d'un calcaire grossier. On ne pénètre dans ce puits qu'avec peine; il faut les efforts de quatre hommes pour en descendre un seul à la moitié seulement; puis l'aide de quatre autres, qui sont parvenus à la moitié environ où se trouve un petit pied-à-terre, est nécessaire là pour continuer à soutenir le visiteur qui se sent le courage d'aller jusqu'au fond. Vers cette halte, se trouve une énorme colonne en pierre, placée par le travers et obstruant presque l'entrée; à 10 mètres, son chapiteau est suspendu; il faut la contourner et s'engaîner dessous pour descendre. Là, c'est-à-dire à 40 mètres, on rencontre une fissure au sud-nord, qui forme une petite excavation où brillent des stalactites curieuses. A cette voûte, haute de 15 pieds, on voit des cristallisations de la longueur et grosseur d'une canne ordinaire. Là, les quatre hommes vous soutiennent, placé que vous êtes sur un court bâton, assis très-peu mollement, il faut en convenir; puis enfin on arrive au fond, à 200 pieds sous terre.

J'avoue que M. l'abbé Perrodin, qui s'y est introduit le premier, le 5 février dernier, aidé de dix jeunes gens, a été très-hardi. Il pouvait se trouver au fond un air méphitique et dangereux; le signal de retirer la corde pouvait être mal compris ou inaperçu; puis enfin, comme le diable hantait encore ce noir caveau, les gens pouvaient se donner peur; et si la corde se rompait, s'imaginer à coup sûr que Beelzébuth opérait en personne et se trouvait *plus fort que le curé*. Il est sorti cependant sain et sauf du puits. Le fond est sec, large de 2 mètres; les rochers lui ont paru placés horizontalement. Voilà tout ce que la science a recueilli de cette aventureuse descente. Il eût été à désirer qu'on ait pu avoir la température du fond du puits pour la comparer à celle de l'atmosphère extérieure : on sait que dans les mines elle est d'un degré Réaumur par 100 pieds.

Il n'est pas très-prudent de pénétrer dans le puits. J'ai vu un jeune homme qui en revenait dire qu'au passage de la colonne, il avait failli être étouffé ; il avait peine à se débarrasser du trou, et les gens d'en haut, tirant toujours, l'ont presque *passé à la filière* et lui allongeaient le corps comme du métal. Avis aux prochains visiteurs.

Avant la visite de M. Perrodin, on racontait force histoires merveilleuses sur ce puits : le diable, qui est toujours *rouge* (il y a bien des gens qui lui ressemblent aujourd'hui), enlevait tout ceux qui approchaient trop près de l'orifice. Y plaçait-on en travers les plus gros chênes ? le lendemain on n'en trouvait plus ; évidemment s'ils y avaient réellement été mis et qu'on ne les vît plus après, quelqu'un les avait pris : c'était le diable à coup-sûr, car il parait que, dans ce temps-là, les voleurs en chair et en os n'étaient pas connus !...

On disait, entre autres légendes conservées jusqu'à ce jour, qu'un seigneur de Buhenc étant à la chasse, et l'un de ses chiens poursuivant un lièvre, ce dernier, trop pressé, se jeta dans le puits et le chien après lui. Le seigneur, désolé de perdre son limier, proposa une récompense à qui irait le chercher. Un *manant* se présente avec bonne contenance; on le descend à l'aide d'une corde; il prend des vivres pour la pauvre bête qu'on supposait mourir de faim, et voilà mon homme dans le puits. A moitié chemin la peur le prend, il fait signe qu'on le retire; puis il raconte en arrivant qu'il a vu le démon, vêtu de rouge, qui a pris ses provisions, et menaçant de l'emporter s'il ne remontait promptement. Voilà le récit tel qu'on le donne. Etait-il vrai ou faux? M. l'abbé Perrodin a trouvé la solution: en effet, il a rapporté du fond du puits deux têtes, l'une est bien d'un chien de taille moyenne; l'autre vérifiée par moi, m'a paru être d'une fouine ou d'un jeune chat sauvage; elle n'a jamais appartenu à un lièvre: l'aspect comparé du crâne ne permet pas d'en douter.

Cette trouvaille est très-jolie et donne un cachet historique à la légende *du chien*. Aussi je pense qu'on doit conserver ce nom au puits.

PUITS DE CHALLES.

On montre encore dans les bois de Challes, même commune, deux puits; ils sont moins profonds, et ornés aussi de concrétions et de cristallisations calcaires.

GROTTE DE CORENT.

Il y a encore une jolie grotte à voir à Corent; on y descend aussi par des échelles, mais l'entrée est facile. On y trouve de belles pétrifications; mais elles n'approchent pas de celles d'Hautecour. Une tête de chat sauvage y a été recueillie par un jeune homme du village qui me l'a offerte: elle est dans ma collection.

VOYAGE.

C'est une des jolies parties de plaisir à organiser, qu'une excursion à la grotte d'Hautecour. La route est très-accidentée. On passe à Ceyzériat; de là on arrive au village de Bohas, où le Suran forme écluse sous le pont, et verse une belle nappe d'eau en écume argentée très-pittoresque. On part de bonne heure : quand on a atteint Hautecour, on commande son dîner pour midi chez M. Cherel, si on ne l'a pas fait à l'avance, afin d'avoir du poisson. C'est une bonne auberge, tenue par des gens gracieux et empressés. On a son déjeûner dans la poche, et on l'expédie en allant sur la hauteur qui domine la rivière d'Ain; il faut pour cela une demi-heure. C'est un beau coup-d'œil dont il faut jouir. On fait halte sur les jetées du pont de *Serrières*, et l'on revient lentement au dîner. Avant le repas, on aborde la grotte; on y reste deux heures au plus, et l'on s'embarque pour Bourg; on met deux heures avec un bon cheval, car on descend presque toujours. On peut aller en trois heures. Comme on le voit, rien n'est plus facile que cela, et nous espérons bien que la grotte ne manquera pas de visiteurs.

S'il y a quelque antiquaire dans la société, je lui recommande l'église d'Hautecour qui date au moins du XIe siècle. Son portique est de style roman pur. Les deux colonnettes qui le décorent ont des chapiteaux très-curieux ; des corps saillans clair-semés, imitant des cailloux assez gros, en font tout l'ornement ; leurs bases sont enterrées, ce qui suppose que le sol s'est beaucoup élevé. Cela se voit partout où habite l'homme. On descend en effet dans l'église ; puis là se dresse un vieux bénitier roman, datant de la fondation de l'église, simple et rustique comme les premiers chrétiens. C'est un joyau à conserver avec soin : que son extérieur grossier n'effraie pas trop nos regards modernes, il fait par cela seul tout son mérite et sa rareté. Il est visible qu'autrefois il était fiché en terre sur sa base taillée droit ; maintenant on l'a élevé sur un socle moderne qui afflige l'antiquaire par sa nouveauté.

Une chose surtout bien digne de remarque, c'est un autre bénitier extérieur placé dans le coin à droite de la porte d'entrée, à plus de cinq pieds de hauteur. Il est de même pierre que le bénitier intérieur, et son aspect atteste qu'il est du même temps. Voilà de ces beautés cachées pour le vulgaire qui excitent l'attention des archéologues. C'est là une curiosité à ajouter à celles d'Hautecour. Ces bénitiers extérieurs sont rares.

On pourra contempler encore une inscription en deux morceaux, de la fin du XIIIe siècle, écrite en lettres gothiques, d'une grande beauté et bien conservée. Elle est de Humbert de Buenc (on prononce aujourd'hui *Bohan*), ancien seigneur du lieu, damoiseau, qui mourut en 1280. On la lit ainsi avec ses abréviations :

Hic jacet Humbtus de Buenqo domicellus, qi obiit ano Dni M.CC.LXXXV, mense maii, cui aia requiescat i pace. Am. Orate paia ei.

Il faut lire : *Hic jacet Humbertus de Buenco, domicellus, qui obiit anno Domini millesimo ducentesimo octogesimo, quinto mense* (pour *mensis*) *maii, cujus anima requiescat in pace. Amen. Orate pro animâ ejus.*

Ici repose Humbert de Buhenc, damoiseau, qui

mourut l'an du Seigneur 1280, le 5 du mois de mai, et dont l'âme repose en paix, ainsi soit-il. Priez pour son âme.

Quoique cette inscription soit gravée sur deux pierres différentes et qui ne se suivent pas pour la forme, si on les rapproche, le caractère des lettres, leur parfaite identité, la nature et la couleur de la pierre de même teinte, et enfin le sens impérieux de l'inscription qui serait incomplète sans l'addition de la deuxième partie, tout dénote qu'il ne faut pas les séparer dans la leçon obligée de l'inscription.

Nous ne pouvons citer le nom de Bohan sans rappeler que la tour de ce nom domine Hautecour. C'est tout ce qu'il reste d'un ancien château fortifié et qui a joui d'une certaine célébrité. Les gens racontent qu'on a trouvé dans son voisinage un bloc de pierre taillé en deux compartimens profonds, que l'on suppose avoir servi de mesure pour la vente des grains qui se faisait près du château lors des marchés publics qui s'y tenaient. On a remarqué à chacun des compartimens un trou destiné, dit-on, à l'écoulement du grain mesuré. Ce fait serait fort important à vérifier; on ne peut asseoir un jugement qu'après avoir soigneusement inspecté la pierre en question, que l'on dit avoir été transportée à Nantua. Elle peut avoir servi d'abreuvoir ; cependant il faut convenir que si elle est réellement divisée en deux parties égales, c'est un indice qui rend très-admissible l'opinion conservée dans le pays, car pour servir d'abreuvoir on ne l'eût pas ainsi partagée.

On trouve sur le sommet du mont peu élevé où se trouve la tour de Bohan (de Buenc sur les vieux titres), un sable blanc très-pur et dont le gisement offre à cette hauteur là une particularité très-remarquable. Cela vaut une visite.